magistrats tous leurs devoirs ; le pouvoir d'en haut ne peut rien y ajouter, comme il ne peut rien en retrancher.

Si on a voulu placer le ministère public de Brest entre les inspirations de sa conscience et la crainte de déplaire au pouvoir, son choix ne peut pas être douteux ; la loi et l'honneur l'ont tracé d'avance.

À voir la manière dont les journaux, connus pour être l'organe du ministère, exposent et dénaturent les détails qui se rattachent à la prévention ; en voyant le Moniteur (gazette officielle) du premier novembre, répéter littéralement un article de l'Etoile (journal de la chancellerie) du 31 octobre, on ne saurait douter qu'en effet les plaintes des prévenus soient légitimes sur ce point.

Ces deux journaux affirment devant la France entière, ce qui ne devrait pas même être en question, qu'il y a eu *sédition*, que les prévenus ont provoqué la force armée ; qu'ils ont insulté les autorités les plus respectables ; on qualifie nos clients de jeunes *séditieux* attroupés et en pleine révolte contre leurs magistrats ; on dit qu'ils ont *indignement* frappé un sergent, que les soldats de Hohenlohe ont été employés à l'appui des réquisitions de M. le Maire, parce que *seuls*, ils forment la garnison, et que la gendarmerie n'était point en force contre une troupe de mutins *disposés à tout oser*. (Tout apparemment jusqu'au crime.) Enfin les deux journaux terminent en donnant à des hommes en but aux préventions actuelles de la justice, la qualification de *jeunes gens assez mal famés*, et ils osent ajouter que personne sur les lieux n'osera démentir le récit qu'ils en font. Ils provoquent même dans une note les officiers de la marine qui ont été l'objet des éloges d'une autre feuille (parce qu'en effet ils n'ont pris aucune part à nos désordres), à poursuivre juridiquement l'outrage fait à ce qu'ils ont de plus précieux, c'est-à-dire, l'honneur.

(4)

Si ces deux journaux n'étaient pas connus pour être les organes officiels ou semi-officiels du ministère, on devrait sans doute mépriser leur langage, et se borner à faire sentir l'inconvenance des insinuations ou plutôt des accusations formelles qu'ils portent devant la France toute entière, contre des citoyens qui se défendent devant la justice de la prévention dirigée contre eux.

Si le but de ces articles est d'exercer une influence illégitime sur les magistrats, peut-être serait-il de l'intérêt des consultans de poursuivre devant le Tribunal civil de Brest les éditeurs responsables de ces journaux, de les sommer de dire de qui ils tiennent leurs renseignemens; l'honneur des citoyens inculpés n'est pas moins précieux à leurs yeux et à ceux du public, que celui des officiers employés par l'Etat. L'arme d'une poursuite juridique en diffamation ne peut leur être interdite, parce qu'ils sont prévenus.

L'indignation a été générale parmi nous, quand on a lu dans ces feuilles la qualification de *mal famés* donnés à des électeurs, à des chefs d'établissement, à des fils de famille qui jouissent d'une considération telle, qu'ils sont visités chaque jour, dans leur prison, par l'élite des citoyens de cette ville.

C'est un témoignage que nous nous plaisons à leur rendre, parce que chaque jour nous en sommes les témoins.

Oui, nous le déclarons, nous sommes fiers d'avoir de tels clients, et si les rédacteurs responsables du Moniteur et de l'Etoile sont cités devant les magistrats, ils n'oseront pas soutenir de telles allégations; ils seront obligés de faire une rétractation solennelle.

Avec ces caractères d'influence extérieure, il est aisé d'apercevoir qu'il ne faut rien moins que tout le courage et l'indépendance par laquelle la magistrature française s'honore chaque jour devant la Nation, pour y résister et pour rendre aux prévenus la justice qui leur est due et sur laquelle ils ont droit de compter.

CONSULTATION

POUR LES CITOYENS DE BREST,

Détenus en la Prison civile et militaire de cette ville, comme prévenus de rebellion en réunion de plus de vingt personnes envers la force armée, et d'outrages envers les fonctionnaires de l'ordre administratif.

Les soussignés, Avocats au barreau de Brest, vu la demande de mise en liberté sous caution, déposée le 2 novembre 1826 au greffe du Tribunal civil, et formée par Messieurs G.ve LAVALLÉE, SPRÉAFICO fils, GALMICHE fils, BRETON, CHEVILLOTTE et BABAZER, arrêtés le 16 Octobre en vertu de mandats de dépôt ; par Messieurs LOYER, HUREL, SIMON, MAZURIÉ, DESCHEZ, LAVALLÉE neveu, arrêtés le 25 Octobre en vertu de mandats de dépôt de M. LE ROUX, Juge d'instruction ; par M. MONGIN, arrêté le 26 Octobre en vertu de mandat du même, et par M. ROBIN, arrêté le 3 novembre, en vertu de mandat de dépôt du même magistrat, en date du 24 octobre, tous détenus au château de Brest.

Consultés sur le mérite de cette demande et invités à répondre aux objections élevées à ce sujet ;

Après en avoir conféré avec les détenus, avoir pris une connaissance approfondie des faits, et en avoir mûrement délibéré entr'eux, sont d'avis des résolutions suivantes :

Quelque vive que fut la part que les membres du barreau de cette ville ait prise au malheur de plusieurs de leurs concitoyens, et aux alarmes de leurs familles ; ils devaient observer en silence la marche de l'instruction , et attendre le jour prochainement annoncé où ils auraient à combattre l'accusation publiquement et contradictoirement, pour obtenir un acquittement définitif.

Mais ayant appris qu'une instruction que l'on disait terminée ou près de l'être pour le 28 octobre , venait de prendre tout-à-coup un caractère criminel, et tendait par suite à aggraver les alarmes et à prolonger la détention de leurs clients , ils ont senti que l'exercice de leur ministère devenait nécessaire et qu'on serait en droit d'accuser leur silence.

Les consultans affirment, dans leur requête du 31 octobre, qu'une influence *extérieure* cherche à s'emparer de la direction d'une affaire qui ne peut être bien appréciée que sur les lieux où elle a pris naissance , à donner aux réquisitions de M. le Procureur du Roi un caractère de rigueur qu'elle ne devrait point avoir , et à dominer en quelque sorte la conscience des magistrats.

Cette circonstance , qu'il appartenait aux prévenus de faire connaître publiquement, parce que la publicité est un moyen de défense contre des influences illégitimes , ils la fortifient par la rétractation qui a eu lieu le 30 octobre des mesures que M. le Procureur du Roi a qualifié de faveurs, mais qui n'étaient réellement que des actes de justice , c'est-à-dire, de la permission de vaquer à leurs affaires une partie du jour, dans la compagnie d'un huissier payé par les prévenus.

M. le Procureur du Roi ne dissimule pas qu'en effet il a reçu de M. le Procureur général du ressort , des lettres dans lesquelles on l'invite à déployer une grande *sévérité.*

Quand à nous, dans l'indépendance qui appartient à notre ministère, nous disons qu'il n'y avait pas lieu de lui recommander autre chose que la *justice ;* ce mot dit tout ; la loi a tracé aux

(5)

Nous devons les aider dans les efforts qu'ils font à cet égard, opposer le langage calme et sévère de la loi aux déclamations malveillantes des organes du ministère, en un mot, rappeler les principes conservateurs des libertés ; aux magistrats et au ministère public, relativement à l'état actuel de l'instruction et à la demande de mise en liberté sous caution, sur laquelle ils sont incessamment appelés à délibérer.

L'opinion de dix citoyens accoutumés à se respecter, indépendans par caractère et par position, consciencieux et répondant d'après le texte et l'esprit de la loi, enfin témoins des événemens dont ils parlent, doit être de quelque poids dans une circonstance où l'influence extérieure se manifeste en effet d'une manière évidente.

Pour que la demande de mise en liberté sous caution soit accueillie, il faut selon l'art. 113 du Code d'instruction criminelle, que les faits résultant de l'instruction n'entraînent aucune peine afflictive ou infamante.

Cette disposition est fondée sur ce que dans ce cas, il serait à craindre que l'accusé ne se dérobât, par la fuite, au châtiment sévère qu'il aurait mérité, et sur ce que les *crimes*, auxquels seuls sont attachées des peines afflictives ou infamantes, sont presque toujours de nature à révolter l'humanité, et qu'ils sont en horreur chez toutes les nations civilisées.

Malheureusement notre Code pénal a compris dans cette cathégorie des faits qui se rattachent à l'ordre politique, et qui souvent portent en eux-mêmes ou leur excuse ou leur justification.

Ce n'est pas nous, qui les premiers adressons ce reproche au Code impérial, que ses auteurs voulaient être particulièrement inscrit du titre de Code Napoléon (1) ; il se trouve consigné dans

(1) Voyez le discours de l'orateur du gouvernement, sur le dernier titre, à la fin.

tous les ouvrages des magistrats et des publicistes, et les discussions des chambres, ont attribué ce caractère aux vues despotiques de celui pour lequel le Code pénal a été fait, et aux nécessités d'un pouvoir subitement élevé sur la nation. (1).

C'était bien peu connaître l'honneur et la susceptibilité française que de supposer que pour un tort ou une accusation politique, un citoyen, lié d'ailleurs par un cautionnement, voudrait, par la fuite, consentir d'avance à son déshonneur, compromettre la fortune de ceux qui l'auraient cautionné, et s'expatrierait pour jamais.

Quoiqu'il en soit, le Code impérial existe, et jusqu'à ce qu'il soit modifié, conformément aux promesses de la restauration et aux vœux des amis de la justice et de l'humanité, il est sans doute du devoir des magistrats de l'observer ; mais du moins, on est en droit d'espérer du ministère public, dont l'institution a paru un si grand bienfait à nos pères, parce qu'il est toujours supposé dégagé de toute passion, parce qu'il est le représentant passif de la société et du pouvoir, que l'on ne changera pas la nature de la prévention, que l'on n'érigera pas en crimes, des faits qui n'ont qu'un caractère évidemment correctionnel.

S'il dépendait du ministère public de dénaturer ainsi le titre de l'accusation, pour enlever aux juges le pouvoir d'accorder cette mise en liberté sous caution, quel serait le remède ? n'y en aurait-il d'autre que de s'en prendre au ministère public lui-même, d'accuser ses intentions, de supposer qu'il s'est décidé par haine et par passion contre les justiciables. (2)

A Dieu ne plaise que, par une interprétation forcée de la loi, on oblige jamais les citoyens à recourir à ce triste remède, qui

(1) Voyez les discussions sur la loi du 25 juin 1824.
(2) Voyez l'article 183 du Code pénal.

serait si affligeant pour les amis de la magistrature ; mais telle n'est pas la volonté de la loi : si le ministère public se trompe ou s'égare, c'est le magistrat qui est le juge de la criminalité. *

Si cependant le Tribunal adoptait l'opinion contraire, les prévenus seraient fondés à faire d'abord un appel à la conscience et à l'honneur de M. le Procureur du Roi.

S'il a reçu une invitation d'être sévère, cela ne le dispense pas de consulter les inspirations de sa conscience et de s'attacher au texte et surtout à l'esprit de la loi. C'est dans les circonstances délicates que brille la vertu du magistrat ; il serait indigne de ses nobles fonctions si, pour accomplir ses devoirs, il hésitait à s'exposer à déplaire en résistant à toute influence extérieure, en ne consultant que les faits résultant de la prévention, telle que la notoriété publique les établit.

Quand même les opinions religieuses que M. le Procureur du Roi professe comme homme, lui feraient considérer la censure indirecte dirigée contre la Mission à laquelle il aurait assisté, comme ayant un caractère d'intolérance qui ne devrait pas rendre les prévenus favorables, quand les demandes réitérées du Tartufe seraient de nature à blesser ses sentimens particuliers, il se rappellera avant tout qu'il est homme public, qu'il est magistrat ; homme de la loi, il examinera uniquement cette question, si cette demande du public était un délit caractérisé par la loi, ou si elle n'était pas l'exercice d'un droit légitime.

Y a-t-il, dans l'espèce, les apparences d'un crime ou d'un délit de rebellion ? si nous ne consultions que la voix publique, si nous nous en rapportions à ce que nos yeux ont vu, et à tout ce que nous avons entendu, la prévention serait déjà jugée ; mais nous sommes obligés de raisonner, dans la supposition que des procès-verbaux, dressés par les Commissaires de police,

tendraient à lui donuer un caractère de criminalité quelconque.
Il paraît que l'on voudrait considérer ces procès-verbaux, au moins
provisoirement, comme des preuves. Il nous paraît à nous, qu'ils
ne peuvent être ici d'aucun poids , parce que ces Commissaires
ont joué eux-mêmes un rôle dans cette scène de confusion. L'un
d'eux est formellement accusé d'avoir commandé des violences
inutiles et d'avoir omis d'accompagner les soldats pour arrêter leur
ardeur , l'autre paraît vouloir se rendre solidaire de la conduite de
son collègue. M. le Maire , sous les ordres duquel ils sont placés ,
se trouvait gravement compromis ; on ne sait que trop combien ,
quand l'autorité est aux prises avec l'opinion , les hommes du
pouvoir sont disposés et presque contraints à venir à son secours.

La crainte d'une révocation , s'ils ne témoignaient pas pour elle
dans une cause de ce genre , doit rendre justement suspect et
faire rejeter du procès leur témoignage.

Il n'est pas un homme délicat qui voulut , en pareil cas , se
laisser diriger par les impressions que de tels procès-verbaux
seraient de nature à produire.

Cela posé , c'est aux dépositions de personnes respectables et
non suspectes de partialité envers l'autorité , qu'il faut s'attacher.
Or , des témoignages de cette nature , s'il en existe beaucoup
dans l'instruction , ne peuvent laisser à la prévention aucun
caractère véritable de criminalité.

Pour qu'elle fut telle , il faudrait qu'il y ait eu concert arrêté
d'avance pour se révolter contre la force publique en réunion de
vingt personnes ; et pour qu'une telle supposition pût être faite,
il faudrait admettre qu'on avait connaissance d'avance que M.
le Maire ordonnerait l'emploi de la force armée , sans faire précéder
l'exécution de ses ordres des trois sommations voulues par la loi ; (1)

(1) Loi du 3 août 1791, reconnue en vigueur par le Tribunal de Brest , Jugement célèbre
du 6 juin 1823 , dans l'affaire dite des Suisses.

que les soldats de Hohenlohe seraient requis de préférence à la Gendarmerie, ou à tout autre force armée, qu'ils seraient sous-traits à la direction de leurs officiers français, et qu'ils seraient jettés dans la salle, sans être accompagnés d'aucun officier civil.

Il faudrait donc qu'on eût calculé d'avance que M. le Maire se rendrait coupable d'infraction aux lois ; si l'intention de résister à la force armée avait été concertée d'avance, les citoyens se fussent pourvus d'armes apparentes ou cachées.

A ces argumens sans réplique qu'oppose-t-on ? que le concert ou la réunion de vingt personnes pour résister a pu se faire *spontanément*, c'est-à-dire au moment même de l'invasion de la force armée. Heureusement cette supposition est démentie par le fait ; ces citoyens, victimes de la brutalité du soldat, ont été obligés de se réfugier sur la scène ; s'ils étaient venus avec des intentions hostiles ou seulement équivoques, l'indignation légitime causée par les bourrades qu'on leur avait données et par les coups de crosse dont plusieurs ont été frappés et presqu'assommés, ils se seraient donné le mot pour devenir assaillans à leur tour, et se précipiter sur les soldats étrangers qu'on avait lancés sur eux auparavant désarmés.

Ils n'ont rien fait de cela ; bien au contraire, ils ont employé les représentations, ils ont parlementé avec le Maire ; ils se sont contentés de demander que ces soldats fussent évacués eux-mêmes de la salle, et tout est rentré dans le bon ordre.

Voilà la réunion concertée de plus de vingt personnes, voilà le *crime* de rebellion dont on cherche à effrayer les prévenus, leurs familles, la ville de Brest et la France entière !

On a été jusqu'à dire que dans l'espèce, la résistance avait eu lieu de la part des citoyens avec la circonstance aggravante des armes , parce que , foulés et maltraités sur leurs bancs par les soldats, quelques uns pour se défendre se seraient servis de ce qu'ils trouvaient sous la main , et parce que d'autres que les personnes engagées dans le parterre, auraient lancé des banquettes sur les militaires.

Il est vrai que l'art. 101 du code pénal qualifie armes toutes machines, tous instrumens ou ustensiles tranchans, perçans ou contondans.

Dans ce cas ce serait la peine des travaux forcés à temps qui serait infligée à ceux qui seraient convaincus de ce fait !

On gémit de douleur, en voyant une extension aussi abusive donnée à la faculté d'interpréter ; heureusement qu'elle n'est pas plus soutenable, que l'accusation d'avoir commis la rebellion en réunion de plus de vingt personnes.

C'est un principe consacré par M. le conseiller Carnot dans son commentaire sur l'art. 209 du code pénal, que la rebellion ne commence que quand l'ordre a été légitimement donné : la jurisprudence de la Cour de Cassation est, que dans tous les cas, la simple défense de soi-même, dépourvue de tout caractère d'*aggression*, est licite et ne peut être criminalisée.

Il existe une loi supérieure à toutes les lois humaines, qui donne à tout être vivant le droit de défendre sa vie , quand elle est en danger. Nos concitoyens n'ont fait qu'obéir à cette loi ; si des banquettes ou d'autres objets sont devenus des armes dans leurs mains, ce n'était que des armes défensives.

Nous accordons ce principe, que si les perturbateurs prétendus de l'ordre se fussent portés à la représentation avec des cannes ou des bâtons, et qu'il y eut preuve de quelque concert à cet égard avant cette représentation, l'art. 210 du code pénal pourrait être applicable, quoique pour attaquer des soldats armés de sabres et de baïonnettes, les Brestois n'eussent pas été assez insensés pour choisir des armes aussi imparfaites.

Mais il n'a rien existé de semblable; il est possible qu'il y ait eu concert entre quelques personnes pour se rendre au théâtre dans la soirée du 12 Octobre, à l'effet d'insister pour obtenir la représentation du Tartufe; si le ministère public trouve cette intention blamable, elle est à nos yeux du moins dépourvue de tout caractère de criminalité. Quelles que soient les allusions qu'on voulût en faire, le Tartufe ne s'adresse qu'aux mauvais prêtres; tant-pis pour ceux qui se reconnaîtraient dans ce portrait; ils mériteraient d'être signalés à la haine publique.

Ayant démontré que les deux caractères de criminalité que l'on veut rattacher à l'accusation sont démentis par les faits et par ce qui s'est passé à la connaissance de tous, à notre connaissance personnelle à nous, qui aux fonctions d'Avocats, réunissons aussi le caractère de citoyens, nous n'avons plus qu'à examiner si c'est le cas d'accorder la liberté sous caution, demandée par les prévenus, et si l'on peut leur opposer quelqu'exception dilatoire.

Nous convenons que les termes de l'article 114 sont *facultatifs*; mais c'est précisément parce qu'il n'y a qu'une responsabilité morale attachée à ce refus, que notre espoir est qu'elle ne sera pas refusée.

Cette demande est formée par quatorze citoyens, tous connus des magistrats de la ville, pour tenir aux familles les plus respectables; plusieurs sont eux-mêmes chefs d'établissement. Pour accorder la demande qui vous est faite, vous n'avez, magistrats, que cette question à vous faire : est-il un seul des prévenus qui voulut se soustraire, par la fuite, à la poursuite, et s'expatrier lui-même ? En est-il un seul dont la parole ne dût suffire pour vous assurer qu'il se présenterait devant vous au jour du jugement ?

Si vous avez la conviction morale que les prévenus veulent avant tout leur justification, vous ne pouvez consciencieusement leur refuser leur demande.

Vous le pouvez d'autant moins, que vous êtes les maîtres de fixer le cautionnement à telle somme que vous jugerez convenable.

Chargés, Messieurs, de vous exprimer en ce moment le vœu public, nous avons l'honneur de vous dire que tout ce qu'il y a de plus respectable dans la ville est prêt à les cautionner de leur bourse et de leur personne.

Quelle objection pourrait donc être opposée au succès de cette demande ? serait-ce, par hasard, cette doctrine que nous avons entendu professer avec regret, que le tort des prévenus était tel, que le fait, fut-il correctionnel, on avait eu raison, pour les punir, d'employer de préférence les mandats qui entraînent privation de liberté.

C'est-à-dire, qu'on leur aurait infligé un châtiment prématuré; c'est-à-dire, que dans la pensée dont nous parlons, ils subiraient déjà une peine, avant d'être déclarés coupables ?

Une telle doctrine n'a besoin que d'être signalée pour que chacun aperçoive qu'elle est contraire à l'esprit comme au texte de la loi.

Le législateur a dit, dans le préambule de la loi mémorable du 3 novembre 1789 : « qu'un des principaux droits de l'homme,
» consacrés par la loi, est celui de jouir, lorsqu'il est soumis à
» l'épreuve d'une poursuite criminelle, de toute l'étendue de *liberté*
» et de *sûreté* pour sa défense, qui peut se concilier avec l'intérêt
» de la société, qui commande la punition des délits ».

Les divers mandats dont il est parlé dans le Code d'instruction criminelle ont été laissés à l'arbitrage du juge, non pour qu'il puisse, au gré de ses passions, frapper les uns de ses rigueurs et les épargner à d'autres ; mais seulement pour qu'il proportionne les moyens d'instruction avec ce qu'exige l'intérêt de la société et de la justice. Lorsqu'un mandat de comparution suffit, ce serait un tort pour le juge de choisir un mandat emportant privation de la liberté, et ce tort serait d'autant plus grave, qu'il n'existe à cet égard qu'une responsabilité morale; que le juge n'aurait à en répondre qu'à l'opinion publique.

Nous concevons que dans l'espèce et dans les jours qui ont immédiatement suivi les troubles du spectacle, on ait délivré quelques mandats d'amener et de dépôt ; mais à mesure que le temps s'écoule, toute rigueur devient inutile au but que se propose la justice. Aussi le magistrat instructeur s'est-il arrêté au mandat de dépôt, il n'a donné aucun mandat d'arrêt : peut-être même, doit-on regretter qu'il ait cru devoir, depuis le 25, décerner un nouveau mandat de dépôt et notamment le 3 novembre, à l'égard du Sieur Robin.

L'instruction est assez avancée pour qu'aulieu de songer à resserrer les liens qui s'opposent à la liberté des prévenus, on s'occupe enfin de les briser.

Nous devons ici aux magistrats l'expression de nos sentimens et de notre conviction ; la mise en liberté sous caution ne nous paraît pas pouvoir être refusée. L'opinion publique s'alarme et s'aigrit d'une détention prolongée depuis trois semaines à l'égard d'hommes nécessaires à leurs familles et à leurs établissemens.

La liberté est le premier et le plus précieux des biens. La loi condamne toute rigueur inutile, et la détention dont il s'agit commence à prendre ce caractère.

S'il s'agissait d'une plainte particulière , les prévenus auraient une action en dommages-intérêts contre leur dénonciateur.

Ici le ministère public est leur seule partie adverse ; ils n'ont aucune réparation à attendre , le jour où leur innocence sera reconnue , et l'on en sera quitte pour dire , que l'on s'est trompé. Une prise à partie pourrait seule avoir ce résultat ; mais , qui aurait le courage de la tenter , quand l'organe du ministère public est à l'abri de toute suspicion de partialité *intentionnelle* ?

La mise en liberté , sous caution , doit donc être accordée , pour écarter tout reproche moral autant que légal. Dans tous les cas , il doit y être statué *sur le champ* , et toute exception dilatoire doit être écartée ; elle aurait l'air d'une faiblesse. Le public pourrait croire , si l'on ne statue pas , que c'est parce qu'on sent que l'on n'a pas de raisons suffisantes à alléguer.

Aux termes de la loi , la mise en liberté , sous caution , peut être demandée en tout état de cause ; si elle était repoussée aujourd'hui , elle pourrait être représentée demain , parce que les motifs qui s'y opposeraient , pourraient avoir cessé. il faut donc qu'elle soit accordée ou que le refus soit motivé. La décison du Juge , sans être accompagnée de motifs , serait contraire au droit public du pays ; Le Juge ne doit jamais cacher le motif qui l'empêche de faire droit à une réquisition legale.

Sont-ils en liberté ? telle est la demande que l'on nous adresse tous les jours , tant le sentiment de la justice de cette demande est profond et généralement partagé. Cette demande , nous devons en transmettre l'expression aux magistrats ; c'est à eux de l'apprécier.

En terminant , nons exprimerons le regret que l'on n'ait pas placés les prévenus dans une maison autre que la *prison* civile et militaire. Ils n'étaient que sous mandats de dépôt, et fussent-ils sous mandats d'arrêt, ils ne devraient pas être dans une prison.

Mais, dit-on, il n'existe pas de maison de dépôt. Est-ce là une justification de la violation du droit des prévenus ? La loi ne veut pas qu'un prévenu, sous mandat de dépôt, soit confondu avec les condamnés ; cependant ils l'ont été jusqu'ici. La loi a donc été violée ; elle continue de l'être, et l'on nous parle de faveurs justement révoquées.

Eût-il donc été si difficile de trouver une maison publique ou particulière, où ils eussent été réunis, et où on les eût placés sous la garde d'un factionnaire ?

Mais il est inutile d'insister sur cette observation, si, comme on le doit, l'on fait droit, dés-à-présent, à la demande de mise en liberté sous caution.

Nous croyons devoir, à notre caractère et au ministère que la loi nous confère, de faire remarquer ici que les permissions qui nous sont accordées, pour communiquer avec nos clients, portent que cette communication aura lieu *en présence du concierge.*

La loi veut que la communication ait lieu *librement,* c'est-à-dire, sans aucun intermédiaire (loi du 3 Novembre 1789, sur la réforme de la jurisprudence criminelle, art. 10.) ; nous devons, à la vérité, de dire que nous n'y avons pas été soumis. Le concierge n'a pas demandé à être en tiers dans ces communications ; nous ne l'eussions pas souffert : mais nous croyons qu'il est de notre dignité et du droit des accusés, de demander que la formule des permissions soit changée.

Délibéré, à Brest, le sept Novembre mil huit cent vingt-six.

Signé Th. Gourdin, P. Le Donné, Le Donné, *aîné.* B. Coatpont. Boelle, Pérénès, Le Bey Taillis, Bazil, H. Couard, Y. Duval.

Adresse de 86 Citoyens, contenant l'exposé des faits relatifs à la Mission.

A M.ᵉ le Comte DE CASTELLANE, Préfet du Finistère.

Présentée le 15 Octobre 1826.

LES soussignés anciens citoyens de Brest, doivent à leur conscience de redresser ici des faits graves. Il serait trop cruel que leur altération fît déchoir la ville de Brest dans l'opinion du premier magistrat du département.

On avait pensé que l'arrivée des Jésuites dans nos murs, ne devait rien changer au régime théâtral. Une pièce jouée partout, à Paris même, sous les yeux de notre Monarque, restée au répertoire français depuis 150 ans, le Tartufe fut demandé, *comme on demande* toutes *les pièces, par des billets qui, de la scène,* sont portés *à la police, qui en prend lecture.*

« Cette pièce n'est point au répertoire semainier, je vais l'y faire mettre » et vous serez satisfaits. »

Telle fut la première réponse de M. le Maire ; elle est couverte d'applau-dissemens ; des représentations se succèdent sans orage.

Mais point d'annonce de la pièce ; à la demande renouvellée, on répond pour le Maire que « ce magistrat en avait référé à l'autorité supérieure ».

On redemande : « l'autorité supérieure n'a point encore répondu ; on vous » communiquera la réponse, quelle quelle soit ».

Telle fut la troisième réponse ; elle fut suivie du plus grand calme.

Au spectacle suivant la police vint dire : « M. le Maire a reçu la réponse ; » il vous en fera *part, et cette réponse pourra vous satisfaire.* » Quelque tems après M. le Maire vint lui-même et dit : « que ses efforts pour satisfaire » le public avaient été inutiles ; que la réponse de l'autorité supérieure était » absolument négative ». C'était le 8 octobre.

Aux représentations suivantes, M. le Maire ne parla plus de l'autorité supé-rieure ; il dit « vous n'aurez pas le Tartufe, vous l'avez demandé trop » indécemment ».

. Enfin de. nouvelles instances n'obtinrent , sous diverses formes , que cette réponse : « l'autorité ne. cède jamais ; vous n'aurez pas le Tartufe »...

Jamais on n'a exigé la représentation immédiate de la pièce ; le Maire a toujours été prié de fixer un jour.

— Jetons sur tout le reste un voile de douleur. Jamais le théâtre Brestois n'avait été envahi par les baïonnettes ; jamais nos fils n'avaient payé de leur sang le crime d'avoir demandé une pièce française.

Vos respectueux administrés ,

Riou-Khalet , Guilhem , Chauchard , Boëlle , Bérard , Monge , Paillias , Loyer , Le Page , Bizet père , Duval , Fleury , Jardin , Roger , Boëlle avocat, Le Jeune père , Delaperrigne , Herzant , Jacolot , Le Jeune fils , Lavallée neveu , Auguste Brousmiche , Bazil aîné , Le Febvre , Maneille , Mondot aîné , Vve Crouan , Dubois , Bousognes père , D.^{ré} Salmon , Durocher Delaperrigne , Abgrall , Legoff , Berthelot , Robin , Larreur , Faustin Desbordes , Louis Châtel , Barazer , Chevillotte , Le Perche , Benoit , Lemoine , F. Bernard , Loyer fils aîné , Watbled , Delagarde jeune , Watremez , Le Brec , Conseil , Duloya , Masurié aîné , Loyer jeune , Villeneuve avocat , Le Bihan , Le baron De Roujoux , Marquer , Desive , V.^{ent} Breton , Mahé , Camescasse Proux , Gourvennec , Robin , Delagarde aîné , Bizet docteur , D. Czernesky , Pellerin , Heugel , Bazil jeune , Bouet , etc.

Protestation des prévenus , relativement au mode d'interrogatoire.

Déposée le 3 Novembre 1826.

NOUS soussignés, déclarons qu'ayant été mandés aujourd'hui devant M. le Juge d'instruction , au palais de justice de cette ville , et conduits de la prison civile et militaire du Château , à la salle dudit palais qui sert aux interrogatoires , nous y avons rencontré un caporal et deux soldats du régiment de Hohenlohe dont le nom nous est inconnu , mais cités en vertu de l'ordonnance de M. le Juge d'instruction du 30 Octobre , que nous avons remarqué que le caporal et un des soldats étaient ivres et incapables de témoigner ; que mandés par le Juge d'instruction (dans la chambre où il exerce son ministère accompagné de son greffier) dans l'ordre suivant , savoir : MM. Deschez; Spréafico; Lavallée, neveu ; G. Lavallée; Chevillotte; Breton ; Mongin ; Galmiche ; Hurel ; Loyer, jeune ; Mazurié ; Barazer; et Simon , l'un de nous , M Galmiche a fait à M. le Juge l'observation que le caporal , devant lequel il comparaissait, n'avait pas sa raison et qu'il était pris de vin ; que M. le Juge a déféré à cette observation à l'égard de MM. Hurel , Loyer , Mazurié , Barazer et Simon , mais qu'il n'a pas dressé procès-verbal en notre présence de ces dires et observations, ni du renvoi desdits militaires , et qu'il ne nous a pas été donné lecture de ce procès-verbal.

Nous soussignés , déclarons aussi avoir connaissance que dans la journée d'aujourd'hui , à l'instant où nous allions comparaître devant M. le Juge d'instruction , le grenadier Schneider , soldat du régiment de Hohenlohe , a déclaré reconnaître M.e TAILLIS , avocat, pour s'être trouvé parmi les assaillans prétendus , dans la soirée du 12 Octobre.

Que M.e TAILLIS a pris M.r Biovès , sous-lieutenant de Hohenlohe , officier présent, à témoin du dire dudit Schneider, qui est entièrement faux.

Pour quoi nous requérons que M.e TAILLIS , M.r Biovès , officier du régiment de Hohenlohe , et ledit Schneider soient interrogés par M. le Juge , à raison de la tentative de faux témoignage que nous dénonçons par le présent.

Nous requérons aussi qu'il soit informé contre ceux qui auraient donné auxdits soldats de Hohenlohe les moyens de s'enivrer et les auraient désignés ou leur auraient donné des instructions pour témoigner faussement contre nous.

Nous demandons enfin qu'il soit constaté par l'instruction , qu'aucun officier du régiment de Hohenlohe n'était à la tête des soldats requis pour faire évacuer la salle , et qu'il soit informé sur tout ce qui s'est passé au théâtre dans les soirées des 8 et 12 Octobre 1826 .

Présentant en supplément la liste suivante de témoins ;

MM. Bérard , négociant, demeurant à Brest ; Denosé , sous-lieutenant d'infanterie de Marine; Villeneuve, Armand , employé au trésor de la Marine;

(19)

Laurence, employé des contributions indirectes; Plomb, musicien à l'orchestre; Revolt, musicien à l'orchestre; Michel, lieutenant d'infanterie de Marine.

Fait à la prison militaire et civile du Château de Brest, où nous sommes détenus sous mandat de dépôt, ce 2 Novembre 1826, à huit heures du soir.

Signé Deschiez. P. Mongin. Breton. Loyer, fils, jeune. F. Barazer. G.^{me} Lavallée. P. Lavallée, neveu. Spréafico, fils. F. Mazurié, fils aîné. Galmiche. Hurel. Chevillotte. M. Simon.

Demande des prévenus afin de communication des procès-verbaux des Commissaires de police.

Déposée au greffe le 5 Novembre 1826.

On nous a dit que les principales charges qui résultent contre nous de l'instruction écrite, reposent sur les allégations contenues dans des procès-verbaux qu'auraient dressés MM. les Commissaires de police.

Il a pu ou il pourrait arriver que ceux-ci (des détenus peuvent s'inquiéter des bruits quelquefois les plus dénués de tout fondement) ayant à craindre qu'une plainte fût dirigée contre eux, eussent modifié ou modifient les premiers renseignemens par eux donnés à la justice, ou y eussent ajouté depuis ou ajoutent par de nouveaux actes.

Nous sommes d'autant plus excusables de nous livrer à de telles rumeurs que, par une exception fort rare parmi les Tribunaux du royaume, et contraire aux réglemens, il n'existe pas au greffe de registre contenant l'inscription et l'enregistrement, date par date, des pièces de la procédure et du dépôt des rapports.

Nous avons le plus grand intérêt, et c'est aussi celui de la justice, de savoir l'exacte vérité sur ces points.

Nous avons donc l'honneur de requérir et de prier que communication nous soit donnée sans déplacement, en la personne de Me Duval, bâtonnier de l'ordre des Avocats, l'un de nos conseils, desdits procès-verbaux originaires où déposés subséquemment.

On nous objectera peut-être que l'instruction est secrète ; elle ne l'est que facultativement ; c'est-à-dire que le juge peut et doit communiquer les charges de l'instruction , lorsque cette communication , loin d'empêcher la manifestation de la vérité , doit y contribuer. (Loi des 8 et 9 octobre 1789).

Il n'en est pas des procès-verbaux dressés par des personnes ayant caractère public , comme des simples dépositions ; ces procès-verbaux, en supposant (ce que nous contestons dans l'espèce), qu'ils puissent faire foi en justice , doivent donc nous être communiqués, pour que nous détruisions , dès à présent, les faits controuvés ou altérés qu'ils pourraient contenir , par le témoignage de personnes notables , et spécialement par celui de quelques personnes étrangères à la ville, qui ont assisté aux événemens, ou d'autres personnes qui peuvent également partir d'un jour à l'autre, comme M. Le Gros, ancien Avocat de Paris, actuellement à Brest, hôtel de Provence , M. Quesnel , jeune, Capitaine au long-cours , M. Boulanger , aussi Capitaine au long-cours , tous deux à Brest en ce moment ; leur départ priverait la justice de leur témoignage ; il y a donc ici un motif d'urgence , motif impérieux , qui justifie les conclusions de cette requête.

Ces témoignages détruiraient sans doute ces mêmes procès-verbaux , sur lesquels on se fonde ; pour refuser à quatorze citoyens , tous domiciliés , offrant caution , et présentant par eux-mêmes ou leurs familles toute garantie, cette mise en liberté provisoire, demandée par eux sous caution , demande sur laquelle nous requérons qu'il plaise au Tribunal statuer dès aujourd'hui, en écartant toute exception dilatoire ; autrement ce serait envain que l'art. 114 du Code d'instruction criminelle aurait donné au prévenu le droit de former cette demande en *tout état* de cause.

Fait à Brest , le 4 novembre 1826 , jour de la Saint-Charles, à la prison militaire et civile, où nous sommes détenus depuis trois semaines sous simple mandat de dépôt.

Signé Deschez P. Mongin , Breton, Loyer, fils, jeune. F. Barazer. G.^{ve} Lavallée. P. Lavallée, neveu. Spréafico, fils. F. Mazurié, fils aîné. Galmiche. Hurel, Chevillotte. M. Simon. Robin.

Ordonnance du Tribunal Civil de Brest qui statue sur la demande des prévenus.

L'an 1826, le 8 novembre, onze heures du matin :

LE Tribunal de première instance séant à Brest, réuni en la chambre du conseil, sur la présentation qui lui a été faite par M. le Procureur du Roi de différentes pièces déposées au greffe à la requête des inculpés dans l'affaire de rebellion du 12 octobre dernier, et consistant, 1.º Dans un écrit daté du 31 octobre, contenant tout à la fois une demande en liberté provisoire et une plainte contre MM. BARCHOU, Maire de Brest, et PARISON, Commissaire de police, avec l'indication des témoins à l'appui de cette plainte ;

2.º Une espèce de procès-verbal ou déclaration en date du même jour rédigé par les inculpés, et dans lequel ils cherchent à critiquer l'information ;

3.º Un autre écrit portant la date du 2 novembre, dans lequel ils *requièrent* que des poursuites, pour tentative de faux témoignage, soient dirigées contre un témoin, parce que, prétendent-ils, il aurait fait une déclaration inexacte dans une conversation particulière, et hors la présence du Juge d'Instruction ;

4.º Enfin, une demande adressée au Tribunal par les mêmes inculpés pour obtenir en l'état communication des procès-verbaux servant de base à l'instruction.

Attendu 1.º, en ce qui regarde la demande de liberté provisoire sous caution, qu'aux termes de l'article 113 du Code d'instruction, la liberté ne peut jamais être accordée aux prévenus, lorsque le titre de l'accusation emporte une peine afflictive ou infamante ; que dans l'espèce, le fait imputé aux prévenus, celui de rebellion commise par une réunion de plus de vingt personnes envers la force publique et des magistrats de l'ordre administratif, est, d'après les articles 209 et 210 du Code pénal, de nature à emporter une peine afflictive ou infamante ; qu'au cas même où le fait n'emporterait qu'une peine correctionnelle, la chambre du conseil a la faculté d'accorder ou de refuser la liberté provisoire. (Code d'instruction, article 114.)

Rejette la demande en liberté provisoire formée par les détenus, inculpés d'avoir pris part à la rebellion du 12 octobre dernier, et ordonne qu'ils resteront jusqu'à nouvel ordre en la maison d'arrêt de Brest, sous mandat de dépôt.

Attendu 2.°, en ce qui regarde la plainte portée contre M. le Maire de Brest et le Commissaire de police Parison, que c'est au ministère public qu'il appartient d'apprécier cette plainte, de voir s'il doit ou non y donner suite, et requérir une information, après avoir rempli les formalités voulues par les lois.

Renvoie la prédite plainte à M. le Procureur du Roi.

Attendu 3.° En ce qui regarde la demande de communication des procès-verbaux, que tout en rendant hommage au principe incontestable que les pièces de la procédure doivent rester secrètes entre les mains du juge chargé de l'instruction, c'est spécialement à la garde de ce dernier qu'elles sont confiées. Déclare n'avoir à statuer sur ce point.

Attendu : 4.° En ce qui regarde les deux autres écrits ou déclarations des 31 Octobre et 2 novembre derniers, que ces pièces sont de tout point irrégulières, déclare qu'il n'y a pas lieu de s'en occuper.

Fait et délibéré à Brest, au Palais de Justice, en la chambre du conseil du Tribunal de première instance, où étaient MM. Gillart, Président, Chevalier de l'ordre royal de la légion d'Honneur, Tourgouilhet de la Roche, Ksauson de Pennendreff, Le Roux, Juges, de Kmarec, Juge auditeur, M. Gillart de Kanflech, Procureur du Roi, s'étant retiré après avoir donné ses conclusions verbales.

Enregistré à Brest, les jour et an que dessus par Palierne.

Pour expédition conforme à la délibération transcrite au pied de l'écrit sus-énoncé du 31 octobre dernier.

Le Greffier du Tribunal,

Signé Clérec.

Pour expédition conforme aux pièces déposées au greffe du Tribunal de Brest.

Signé Th. Gourdin ; P. Le Donné ; Le Donné, aîné ; B. Coatpont ; Boelle ; Pérénès, Le Bey Taillis ; Bazil ; H. Couard ; J.-L Gillart ; Y Duval.

Requête au Tribunal à l'occasion de l'ordonnance de la chambre du conseil du huit Novembre.

A MM. les Président et Juges du Tribunal civil de Brest.

Messieurs,

Nous avons lu avec douleur l'ordonnance émanée de la chambre du conseil, sous la date du huit, qui statue négativement sur nos demandes successives, et ordonne que nous resterons jusqu'à nouvel *ordre* sous mandats de dépôt en un lieu qui n'est pas une maison d'arrêt, mais une véritable prison civile et même militaire.

Nous devons attribuer ce résultat, non pas à la non légitimité de nos demandes en elles-mêmes, mais à l'inobservation des règles tracées par la loi pour la garantie des accusés, à l'omission qu'on a faite de présenter à nos juges la consultation des avocats, produite au greffe dans l'intérêt de notre défense, au refus de M. le Procureur du Roi de s'expliquer autrement que par des conclusions verbales sur ces demandes, à la marche irrégulière donnée par M. le Juge d'instruction à la procédure, au refus d'entendre les témoins à décharge, enfin, à l'insuffisance des moyens qui sont à notre disposition, à cause du secret de la procédure, pour éclairer nos juges et l'opinion publique sur le véritable caractère de la prévention.

Nous devons supposer, que c'est avec regret que les magistrats chargés de nous protéger ont écarté la demande de mise en liberté sous caution qui était la plus urgente ; car ils ne peuvent vouloir des rigueurs inutiles ; leur indépendance doit être égale à leur impartialité.

L'article 114 du code d'instruction criminelle nous permet de renouveler cette demande, en tout état de cause ; par conséquent, l'ordonnance de la chambre du conseil du 8 novembre n'a point l'autorité de la chose jugée ; nous ne pourrions l'attaquer devant les juges supérieurs.

D'un autre côté, la loi en ordonnant au juge d'instruction (art. 127 du code) de faire un rapport, au moins une fois par semaine, à la chambre du conseil, des progrès de l'instruction, suppose que cet intervalle de temps est plus que suffisant pour en changer la face.

Il résulte donc de la combinaison de ces deux articles, que la demande de mise en liberté sous caution peut et doit être renouvelée chaque fois que M. le Juge d'instruction est appelé à rendre compte lui-même au Tribunal assemblé de ce qu'il a cru devoir faire dans l'intérêt de la vérité, si les raisons qui appuyent cette demande sont de nature à faire impression sur des hommes dégagés de toute autre passion que celle du bien et de la justice.

Or, nous pensons que tel eût été le résultat produit par la distribution de notre mémoire du 31 octobre, et de la consultation de MM. les Avocats du 7 novembre, si la publication de ces deux pièces *judiciaires* n'avait été empêchée par les formalités de déclaration et de dépôt préalable à la préfecture, auxquelles on a voulu nous assujettir : entrave qui n'existe point à Paris, où le droit sacré de la défense jouit de toute sa latitude, où la presse est réellement sans autre entrave que celle des lois répressives de ses abus.

Ainsi, il demeure déjà démontré par notre exemple que dans l'une des principales villes du royaume, malgré la bonne volonté que l'on nous a témoignée, la liberté de la presse n'existe pas ou n'existe qu'imparfaitement pour les prévenus de crimes ou de délits; qu'ils ne peuvent appeler la publicité à leur secours, qu'au moment où le juge a déjà prononcé, et qu'ainsi les décisions du juge ne sont pas, comme partout ailleurs, préparées par l'influence toute puissante et toujours inoffensive de l'opinion publique.

Si nous en croyons ce qui nous a été rapporté, notre demande de mise en liberté sous caution a paru à tous ceux qui ont lu le premier mémoire d'une légitimité incontestable; si la consultation qui l'appuie eût été publiée avec elle, la légalité de cette demande n'aurait pas paru moins évidente; car on y a détruit par avance toutes les objections qu'on pouvait élever contre son succès.

Cette consultation a été déposée au greffe avant que MM. les Juges fussent entrés en délibération sur notre demande. Comment se fait-il donc qu'elle n'ait pas été visée dans l'ordonnance de la chambre? N'était-ce pas une pièce de la procédure? En la produisant, nous l'adoptions comme moyen de défense; et il nous semble que l'opinion de la presqu'unanimité du barreau de Brest était de nature à être prise en considération.

Ce n'est pas la faute du Tribunal; d'après le texte de l'ordonnance de la chambre du conseil, ce n'est point M. le Juge d'instruction qui, conformément à l'article 127 de la loi, a fait le rapport de notre affaire; c'est M. le Procureur du Roi qui a présenté les différentes pièces par nous déposées au greffe; c'est donc ce magistrat qui a omis de faire connaître à nos juges la consultation du 7 novembre servant de mémoire en défense; aussi la chambre du conseil n'en a-t-elle pas parlé, ce qui est une présomption suffisante, qu'elle ne lui a pas été présentée.

MM. les Avocats avaient établi que la réunion de vingt personnes, constituant le crime de rebellion, ne figurait dans la prévention que par une fausse interprétation de l'article 210 du Code pénal, parce-que cet article suppose qu'il y a au moins vingt coupables, et qu'il y a eu complot arrêté pour se révolter contre la force armée.

Ils avaient prouvé de plus qu'il n'appartient pas au ministère public *seul* de déterminer le titre de l'accusation; autrement la liberté des citoyens serait à la discrétion d'un magistrat révocable, qui, selon la doctrine émise par des feuilles ministérielles, à l'occasion de la révocation de M. FRÉTEAU DE PENY, Avocat général à la Cour de cassation, et rendu depuis par le Roi à ses fonctions, serait obligé, sous peine de destitution, de suivre les ordres à lui transmis par ses supérieurs.

Cette doctrine a été heureusement condamnée par la loi, puisque c'est aux Juges réunis en la chambre du conseil qu'il appartient, d'après l'article 128 du Code d'instruction criminelle, de fixer le caractère de la prévention; et par conséquent ce n'est pas le titre donné à cette accusation par le ministère public, d'accord avec le Juge d'instruction, qui doit empêcher la mise en liberté sous caution.

Le Juge d'instruction ne jouit pas, du moins en cette qualité, de la plénitude d'indépendance dont sont investis les autres magistrats; il est nommé pour trois ans par le pouvoir ministériel (art. 55); il est placé, quant à ses fonctions de police judiciaire, sous la surveillance du Procureur général du ressort. (art. 57).

Comment donc pourrait-il se faire que la liberté des citoyens fut entièrement livrée au pouvoir discrétionnaire d'un magistrat qui n'est pas complètement indépendant, qui ne l'est pas de droit, et qui, dans les accusations politiques, si son opinion particulière le porte à favoriser les vues du ministère ou d'un parti, ne le serait pas de fait.

La loi du 3 novembre 1789, cette loi bienfaisante qui honore à jamais le règne de Louis XVI, adjoignait deux citoyens au Juge instructeur, parce que dans les procédures précédentes, on avait remarqué qu'il était le maître de la liberté et presque de la vie des citoyens.

Cette adjonction a été supprimée pour donner plus de rapidité à la marche de la procédure criminelle, et non sans doute, en vue de diminuer les garanties des citoyens.

C'est donc un droit pour ceux-ci de requérir que toutes les formalités légales soient accomplies rigoureusement ; ce pouvoir laissé au Juge d'instruction, est si étendu, que ce magistrat doit s'empresser lui-même d'aller au-devant de toutes les demandes portant un caractère de légitimité.

Dans l'espèce, nous avons à nous plaindre de la direction donnée à l'instruction ; il semble qu'elle soit faite uniquement à notre charge : nous avons par notre requête du 31 octobre, indiqué treize témoins qu'il était utile d'entendre.

Dans notre écrit du 2 novembre, nous avons indiqué M. TAILLIS et M. BIOVÈS et sept autres témoins sur des faits importans ; dans notre requête du 4 novembre, nous avons encore indiqué trois témoins, en observant qu'ils étaient à la veille de quitter la ville. Nous apprenons que M. BOULANGER, l'un d'eux, Capitaine au long-cours, est en effet parti le 8 au matin. Ainsi par la faute de M. le Juge d'instruction, nous sommes privés de son témoignage.

Si l'on écarte ainsi, ou si l'on ne fait pas comparaître les témoins indiqués ; si c'est à des soldats ivres ou à des hommes salariés et dépendans, que le magistrat instructeur s'adresse, il ne sera pas difficile de donner à l'instruction un caractère criminel, de nous priver de notre liberté pendant trois ou quatre mois, et de nous faire décréter d'accusation.

Nous éprouvons un regret amer d'avoir à signaler ces aberrations ; mais quand nous voyons que ce n'est pas M. le Juge d'instruction, mais M. le Procureur du Roi qui, contrairement à la loi, fait le rapport de notre procès à la chambre du conseil, quand par un oubli du premier principe en matière criminelle, qui veut que dans l'instruction secrète tout soit rédigé par écrit, pour servir de garantie aux accusés et de règles aux magistrats supérieurs, M. le Procureur du Roi prend des conclusions verbales sur une demande qui intéresse la liberté de quatorze citoyens domiciliés ; quand on n'indique pas si ces conclusions ont été pour ou contre la demande, les prévenus ont quelque droit de s'alarmer, et lorsqu'ils se respectent et qu'ils respectent leurs concitoyens, ils doivent exposer leurs griefs sans déguisement aux magistrats chargés d'y porter le remède.

Ce n'est pas remplir le vœu de la loi que de conclure verbalement dans cette période où la procédure est secrète ; il doit rester des traces de tous ces actes ; aux termes de l'article 114 du Code d'instruction criminelle, le Procureur du Roi doit conclure sur la demande de mise en liberté. Conclure verbalement, en pareil cas, n'est pas conclure. Cette loi, dont on invoque les rigueurs contre nous, veut que le Juge d'instruction ne fasse rien que sur des réquisitoires écrits du Procureur du Roi ; à plus forte raison lorsque la demande est de nature, par son importance, à être portée à la chambre du conseil.

4

: D'ailleurs, si M. le Procureur avait pris des conclusions, s'il les avait motivées conformément à la loi, vaincu, nous devons le supposer, par la solidité des raisons développées dans la consultation du 7 novembre, sa conscience l'eût obligé de reconnaître que la circonstance aggravante de la réunion de plus de vingt personnes n'existait pas, ou de soumettre du moins à la chambre du conseil, la difficulté d'interprétation de l'article 210 du Code pénal.

Le titre de l'accusation ne serait pas resté criminel, comme il a pu le paraître dans les premiers jours de notre arrestation. Depuis ce temps l'instruction a du faire de grand progrès et nous devrions être en liberté. Si le fait était correctionnel, nous ne croyons pas que nos magistrats qui, comme le dit l'ordonnance de la chambre du conseil, ont le droit d'accorder la liberté dans ce cas, nous l'eussent refusée, en nous assimilant, par ce refus, à des vagabonds et à des repris de justice, surtout lorsque nous apprenons que nos concitoyens se réunissent spontanément pour nous cautionner jusqu'à concurrence de telle somme qui serait fixée par le Tribunal.

La liberté est un si grand bien qu'il y aurait de l'inhumanité à nous la refuser, quand nous offrons à la société toute espèce de garantie, que nous comparaîtrons au jour du jugement. Ce serait, comme l'on dit nos Avocats, nous infliger une peine anticipée, alors même que nous serions innocens.

Nous croyons avoir détruit toutes les objections qui s'élèvent contre notre mise en liberté sous caution ; nous persistons à soutenir que M. le Procureur du Roi n'est pas juge du titre de l'accusation, non plus que M. le Juge d'instruction, d'après l'article 128 du Code d'instruction.

La mise en liberté sous caution, dit une circulaire de M. le Garde des Sceaux, du 10 février 1819, « doit être accordée, toutes les fois que cette caution est une garantie suffisante » pour la société, et que la mise en liberté ne peut plus alarmer la sécurité publique, ni empêcher » la découverte des fauteurs du délit ».

Nous ferons sur les autres parties de l'ordonnance de la chambre du conseil, de courtes observations.

En ce qui concerne la plainte déposée contre MM. BARCHOU, Maire, et PARISON, Commissaire de police, le Tribunal nous en donne acte, et la renvoie à M. le Procureur du Roi, pour voir s'il doit ou non y donner suite : nous devons faire remarquer que c'est à M. le Juge d'instruction que cette plainte doit être renvoyée, que nous sommes parties civiles, et qu'ainsi il n'est pas exact de dire que le ministère public peut ne pas y donner suite : la loi veut au contraire qu'il y ait information et ordonnance de la chambre du conseil, dont les parties civiles auraient le droit d'appeler. Le ministère public peut requérir sans doute comme sa conscience le lui dictera, mais il n'est pas le juge de la plainte.

En ce qui touche la demande de communication des procès-verbaux des Commissaires de police, formée par l'acte du 4 novembre, la chambre du conseil nous renvoie à M. le Juge d'instruction ; cela ne donnerait lieu à aucune observation, et nous nous adresserions à ce magistrat, si on n'établissait d'avance en principe rigoureux que les pièces de la procédure *doivent rester secrètes* entre ses mains, quoique la communication soit légalement facultative, et que moralement, elle ne soit susceptible d'être repoussée, qu'autant que le bien de la justice s'y opposerait.

En ce qui regarde nos écrits des 31 octobre et 2 novembre, si le Tribunal s'était borné à dire qu'il n'avait pas à s'en occuper, au moins quant à présent, nous n'aurions pas d'autre observation à présenter, si ce n'est qu'il appartient à la chambre du conseil de rectifier la marche du Juge d'instruction, si elle est fautive, ou contraire au but ou à l'esprit de la loi.

Mais le Tribunal dit que ces pièces sont de tout point irrégulières.

Le plus humble individu, quand il est livré à une instruction judiciaire, a le droit de faire sur la marche de la procédure toutes les observations qu'il croit utile à ses intérêts et d'en demander l'annexe aux pièces de la procédure.

Ce sera aux magistrats supérieurs, à la Cour de cassation peut-être, qu'il appartiendra d'apprécier le mérite des observations critiques consignées dans ces écrits. La société ne veut de condamnation que sur une conviction acquise par des moyens légitimes, c'est-à-dire, par des témoignages présentant toutes les garanties propres à établir leur spontanéité, et à écarter toute influence extérieure. Tel est l'objet de l'écrit du 31 octobre.

Quant à celui du 2 novembre, relatif au fait dont l'officier BIOVÈS a été témoin, il est plus grave ; vainement dans l'exposé mis dans la bouche de M. le Procureur du Roi, il est dit que la *déclaration inexacte* du soldat SCHNEIDER aurait eu lieu dans une conversation particulière, hors la présence du Juge d'instruction ; une tentative de subornation de témoins ne se fait pas ordinairement dans le cabinet du magistrat. M. TAILLIS ne conversait point avec le soldat: celui-ci a pris M. TAILLIS pour un des prévenus, et c'est pour cela qu'il a déclaré qu'il le reconnaissait.

C'est sur ce fait qu'il doit être informé ; il est important, car il tend à établir qu'on aurait donné aux soldats la consigne de reconnaître tous ou plusieurs de ceux qui paraîtraient devant la justice comme prévenus.

La manière dont le fait est exposé dans le préambule de l'ordonnance de la chambre du conseil, d'après les dires de M. le Procureur du Roi, et le refus que fait M. le Juge d'instruction d'interroger M. TAILLIS et M. BIOVÈS, nous donnent la crainte qu'on n'instruise pas sur ce fait.

Cependant l'instruction se prolonge ; depuis un mois, nous sommes privés de notre liberté: néanmoins les faits qu'on nous impute se sont passés publiquement !

Nous persistons à demander notre mise en liberté sous caution, et qu'il soit fait rapport de cette requête, ainsi que de l'état des progrès de la procédure, le mercredi 15 novembre, date de l'expiration de la huitaine, delai établi par la loi.

A Brest, au château, prison civile et militaire, le 14 Novembre 1826.

Signé DESCHEZ. P. MONGIN. BRETON. LOYER, fils, jeune. F. BARAZER. G.ve LAVALLÉE. P. LAVALLÉE, neveu. SPRÉAFICO, fils. F. MAZURIÉ, fils aîné. GALMICHE. HUREL. CHEVILLOTTE, fils aîné. M. SIMON. ROBIN.

Les soussignés Avocats au barreau de Brest, et conseils des prévenus, estiment que la demande contenue dans la requête ci-dessus, est fondée sur des motifs légitimes, et qu'elle doit être accueillie.

Brest, le 14 Novembre 1826.

Signé Th. GOURDIN ; P. LE DONNÉ ; LE DONNÉ, aîné ; B. COATPONT ; BOELLE ; PÉRÉNÈS ; LE BEY TAILLIS ; BAZIL ; H. COUARD ; J.-L. GILLART ; Y. DUVAL.

N. B. Près de trois cents citoyens de Brest ont déjà souscrit un offre de cautionnement pour la mise en liberté sous caution.

BREST, Imprimerie de J.-B. LEFOURNIER.

www.ingramcontent.com/pod-product-compliance
Ingram Content Group UK Ltd.
Pitfield, Milton Keynes, MK11 3LW, UK
UKHW022333170726
13837UKWH00005BA/2255